Karl Berbuer

Hans Knipp

De Bläck Fööss

Flöten-Arnöldche

Jupp Schmitz

Wienands

Kölner Liederbuch

Illustriert von Gerda Laufenberg

Die schönsten Kölner Lieder
von Willy Ostermann
bis zu den Bläck Fööss

Wienand Verlag Köln

Wir danken den Verlagen und Urhebern für die Abdruckerlaubnis ihrer Lieder:
Karl Berbuer Musikverlag, Frankfurt: 43, 56, 107, 122, 156
Henner Berzau, Gerold Kürten, Köln: 116, 148
Karl Bette Verlag, München: 112
De Bläck Fööss Musikverlag, Köln: 14, 24, 75, 80, 94, 98, 102, 126, 128
Gerhard Ebeler Verlag, Köln: 96
Edition Melodia Hans Gerig, Köln: 30, 33, 36, 110, 132, 134
Emi Music Publishing Germany / Edition Accord Musikverlag, Hamburg: 12
Erben Hoßdorf / Frau Winkel, Köln/Bonn: 146
Gerold Kürten, Köln: 144
Musikverlag Jupp Schmitz, Köln: 21, 137, 140
Orbis Musikverlag, Köln: 91
Willy Ostermann Verlag, Köln: 28, 40, 50, 82, 84, 89
Presto Jac. Jörgensen Bühnen- und Musikverlag, Köln: 86, 104
August Schnorrenberg Musikverlag, Köln: 18
P. J. Tonger Musikverlag, Köln-Rodenkirchen: 60, 63, 66, 73
Vogelsang Musikverlag Günter Steinig, Köln: 114
West Ton Verlag, Frankfurt: 120

4. Auflage 1993
Lektorat
Kirsten Diederichs
Gestaltung
Studio Vogel
Notensatz und Bearbeitung
SOL music production, Yan d'Albert
Bonn/Remagen
Lithographie
HDL Repro Köln
Herstellung
Druck- & Verlagshaus Wienand Köln

ISBN 3-87909-197-8

Inhalt

Do laachs Do Dich kapott

Kölle, Alaaf!

Et hillige Kölle

Ein Wort zuvor

Über Köln, die Kölner und das Kölsche Lied

Die Geschichte des Kölner Liedes ist die Geschichte der Stadt und ihrer Menschen.
Man sagt dem Rheinländer, besonders dem Kölner, einen ausgeprägten Sinn für Fröhlichkeit, Sinneslust und Humor nach, hochbegabt in Sachen, Dickflüssiges und Schwerfälliges zu umgehen, aber nicht zu beseitigen. In der Tat fällt es dem Kölner sehr schwer, ernst zu sein, sich bierisch-ernst in Problemen zu verfangen. Mit karikierendem Mutterwitz muß er sich aus jedem Pathos befreien. So vermag er alles und jedes – nicht immer, ohne bissig zu sein – auf gebührende Distanz zu halten, seine eigene Person eingeschlossen. »Sich selvs op de Schöpp nemme, un dann langksam falle lohße!« ist ein weises kölsches Wort. Oft genug wird dem Kölner diese Charaktereigenschaft vom Nicht-Kölner recht übelgenommen, weil er den wirklichen Ernst, der viele Dinge des Lebens begleitet, ignoriert sieht und die Mittel nicht oder wenig versteht, mit denen hier Problemen begegnet wird. Dies verleitet dann sehr leicht zu dem Fehlurteil: oberflächlich, substanzlos, hier und da gar gefährdend! Der Kölner hat keine Philosophie, er lebt sie.
Eine Fülle von Liedern, die in dieser Stadt entstanden, bergen eine Menge von Beispielen für solcherlei Behauptungen. 1907 brachte Ostermann sein erstes »großes« Lied heraus: »Däm Schmitz sing Frau eß durchgebrannt – – – tralleral-lalalala!« Was spielt sich in diesen Worten »innen und außen« ab? Was muß die Famillije Schmitz nicht alles an Unbill im Camping-Lied von Karl Berbuer ertragen, und wie reagiert sie darauf? Eine Zeile im »Hännes'chen-Danz« von Franz Göbels lautet: »De Welt es jet doll un do laachs dich kapott!«
Die Zahl der Beispiele ließe sich beliebig fortsetzen. Und der Kölner hätte diese Lieder nicht angenommen, wenn er sich nicht in ihnen repräsentiert sähe und sich mit ihnen nicht zu identifizieren in der Lage wäre. Die saftige, eigenständige Sprache als Transportmittel hat ihren guten Anteil. Ein weiterer Grund aber ist der, daß wenige Lieder in der Ich-Form geschrieben sind. Die weitaus meisten sprechen von »Wir – mer – meer«. Der Autor tritt so in die Anonymität des Betrachters zurück, auf die gleiche Linie wie der Hörer oder Sänger, und macht diesen die Identifikation mit dem Lied leichter. Vielen Stücken haftet der unausgesprochene Kommentar an: »Dat hätt ich och esu sage künne!« Oder: »Jenau dat es et, wat ich och meine!« Die Doppelbegabung, gleichsam aus dem Volke heraus für das Volk zu schreiben, hat natürlich ihre genetischen Wurzeln. Und die liegen in der Geschichte der Stadt.
Im Verbundbrief nach der Schlacht von Worringen gab sich Köln eine bürgerlich demokratische Verfassung, die im Grunde bis heute blieb. So wurde Köln nie eine Residenzstadt, die sich mit der volkskünstlerischen Produktion und Auf-

tragsarbeit dem Geschmack des Landesfürsten anzupassen gezwungen war. Über Jahrhunderte waren Bürger, Handwerker, Patrizier ton-angebend. Und da liegt der Humus, auf dem sich mit beginnendem 19. Jahrhundert das Kölner und kölsche Lied explosionsartig entfalten konnte. In seinem Archiv hat Reinold Louis annähernd zehntausend Texte und Lieder gesammelt, in denen sich die Stadt in einer der vielfältig möglichen Formen darstellt. In sonst kaum vergleichbarer Weise spiegelt sich die Geschichte Kölns in der seines Liedes wider.
Ein auch noch so kurzer und vergröbernder Überblick über die Historie wäre unvollständig, ohne die Jahreszahl 1823 zu nennen. Damals gründete sich das Festkomitee Kölner Karneval und in seinem Gefolge eine Fülle von Karnevalsgesellschaften, die neben Pfarrfesten dann zu Karneval »den Zug durch die Gemeinde« organisierten, aus dem später der Rosenmontagszug entstand. Wir wissen, daß Volkslieder und Volkstänze in vielen Jahrhunderten nur aus substantiell schon gefestigten Volksfesten heraus entstanden. Die Kirmes – als Fest das einzige weltliche Pendant zu Weihnachten – trat im Laufe der Jahrzehnte an Bedeutung weit hinter den Karneval zurück. Jedes kommunalpolitische Ereignis, jedes kleine oder große Spektakel fand seinen Autor, der es in Verse faßte. Die Komponisten von Liedern lagen hinter der Anzahl der Textautoren hoffnungslos zurück. Also bediente man sich sogenannter »Grundmelodien«, bekannte und bewährte Melodien, auf die man die Texte schrieb. Eine der am häufigsten gebrauchten Grundmelodien war der »Margarethen-Marsch« von Alfred Beines (siehe »Der kölsche Lohengrin« und »Jung Siegfried«). Und wie hätten die Verfasser und Sänger der Lieder weite Kreise der Bevölkerung besser erreichen können als in den Sitzungssälen? Diese Praxis bleibt bis heute, auch wenn die Verbreitungsmöglichkeiten durch die Massenmedien andere geworden sind.
Die in diesem Buch veröffentlichten Lieder sind fast ausnahmslos auf Sitzungen kreiert worden. Sind es deshalb Karnevalslieder? Der Karneval war und ist der große Mäzen des Liedes, aber nicht der Diktator seines Inhaltes. Wieviele Zitate und Wendungen nimmt der sangesfreudige Kölner in den Alltag auf? »Wer soll das bezahlen?«, »Sag' ens Blootwoosch«, selbst »Ehr Häre un Mammsellcher« ist eine gute Anrede bei Festen. Der »Kölsche Klüngel« ist ohnehin ein unerschöpfliches Thema, wie vielleicht auch »Ming eetste Fründin«, selbst, wenn sie nicht »Kättche« hieß. »Heidewitzka« und »Kutt erop« gelten schon als geflügelte Worte. Als nach dem Zweiten Weltkrieg das Stadtgebiet nur in Trümmern auszumachen war, entstand zum Domjubiläum Schnorrenbergs »Am Dom zo Kölle«. Die drei westlichen Besatzungszonen schlossen sich zur Trizone zusammen. Berbuers ebenso herrlicher wie bedeutender Kommentar zu diesem politischen Ereignis war »Wir sind die Eingeborenen von Trizonesien«. Die Ostflüchtlinge, die »Imis« (= »imitierte Kölsche«), wurden mit »Sag' ens Blootwoosch« auf Einbürgerungsmöglichkeit angesprochen. Wieviele Lieder entstanden um den Wiederaufbau der Stadt nach der Zerstörung! »Nor am Dreikünningepöötzge«, »Dat Glockespill vum Rothuusturm«, »Die Hüs'cher bunt om Aldermaat« und viele andere mehr. Selbst das spätere »Mer loße d'r Dom en Kölle« ist nicht denkbar ohne den Eindruck, den die in weiten Teilen wiederaufgebaute Stadt von Bauwerk zu Bauwerk beim Kölner hinterließ.

Nachdem der Kölner sich wieder sattessen konnte und eingekleidet hatte, ging er in den fünfziger Jahren wieder auf Reisen, zunächst per »Cämping« mit Berbuer. Die sogenannte »Reisewelle«, inzwischen zur Selbstverständlichkeit geworden, findet rund zwanzig Jahre später im »Spanienleed« der Bläck Fööss schon die ironischen Untertöne einer Übersättigung. Der »Lange Samstag en d'r City« ist eine Folge des damaligen Ladenschlußgesetzes. Lieder mit sozialem Anliegen – »Mer schenke d'r Ahl e paar Blöömcher« oder »Drink doch eine met« – fehlen ebenso wenig wie die nostalgische oder die bewußt liebevolle Überschätzung »Dat Hätz vun d'r Welt, jo dat es Kölle«.
Es darf nicht als billiger Lokalpatriotismus abgetan werden, wenn wir die Liedlandschaft dieser Stadt beispiellos nennen. Daß in Köln nicht nur Einwohner leben, sondern Menschen, steht in den Liedern. Aber ein gedrucktes Lied ist noch keins. Doht die Leedcher singe, all, wie se he stonn. Dem, der dazu bereit ist, seien sie mit diesem Buch in die Hand und auf starke Stimmbänder gegeben!

Zo Kölle, em Oktober 1988 Gerold Kürten

Wie schreibt man »richtig« Kölsch?

Die »Rechtschreibung« der Mundart ist ein schwieriges Kapitel. Bemüht man sich nämlich einerseits, das hochdeutsche Schriftbild beizubehalten, läuft man Gefahr, den unverkennbaren Lautschatz zu vergewaltigen; andererseits kann eine Schreibweise, die eher dem subjektiven Sprachgefühl folgt, dem Leser erhebliche Verständnisschwierigkeiten bereiten. In dieser Zwickmühle stecken nicht nur Mundartautoren, sondern auch ihre Forscher und Kenner – gerecht kann die Schreibung einer gesprochenen Mundart nicht werden.
Die Grenzen zwischen »richtiger« und »falscher« Schreibung sind wesentlich weiter gesteckt, als das im Hochdeutschen der Fall ist. Wird nun hochdeutsches *geht* als *jeit* oder *geit* oder *geiht* geschrieben, *schon* als *ald* oder *allt* und *gemacht* als *jemaat* oder *gemaht?* Das sollte nicht so entscheidend sein, falsch hingegen wären allerdings *jeht, schunn* und *jemacht.*
Wenn heutzutage auch immer mehr Texter dazu übergehen, sich nach den beiden kölnischen Wörterbüchern von Fritz Hönig und Adam Wrede zu richten, um das babylonische Schriftsprachengewirr zu entflechten, so haben es viele Autoren dieses Buches nicht getan. Um das Ursprüngliche ihrer Lieder zu bewahren, das Originelle und Eigene eines jeden Textdichters zu erhalten, wurden für diese Ausgabe keine Veränderungen an der Schreibweise vorgenommen.

Volker Gröbe
Akademie för uns Kölsche Sproch

Kölle, dat Hätz vun d'r Welt

Kündigung
Engel Jean
hätt kein

Dat Hätz vun d'r Welt

Text: Günter Steinig / Peter Horn-Peters / Peter Werner-Jates /
Jan-Peter Fröhlich / Franz-Martin Willizil
Melodie: Traditional
1982

2. »Doch benempt üch«, sät dä Här,
»ich weiß, dat fällt üch manchmol schwer,
ich möch e schön Hotel
met Meer und Sonnesching!«
Engel Schäng sät: »Chef, hör zo,
ich weiß wat läuf, ich wor ald do,
dä schönste Fleck op dinger Äd,
dä litt am Rhing!«

Dat Hätz vun d'r Welt...

3. Vier Woche sin die drei op Jöck,
als eetster kütt dä Jupp zoröck,
liht sing Engelsflöjel hänge un verzällt:
»Ich wor en Hongkong, USA,
op Ibitza, Kanada,
doch dä Dom,
dä es dat Schönste op d'r Welt!«

Dat Hätz vun d'r Welt...

4. Engel Franz kütt anjeras,
em Jeseech en rude Nas,
lallt: »Mein Jott, wo simmer he,
wo es mi Jlas?!
Cuba Libre, Whiskey, Gin –
Rum un Cognac un och Wing,
doch et beste es e lecker Kölsch vum Faß!

Dat Hätz vun d'r Welt...

5. Alles wadt op Engel Jean,
wo bliev dat Kälche bloß su lang?
Unsre Herrjott,
dä weed kribblich un nervös.
Doch do kütt e Telejramm:
»Ich kündije! – Engel Jean.
Bliev en Kölle – stop –
ich hierode et Nies!«

Dat Hätz vun d'r Welt...

Mer losse d'r Dom en Kölle

Text: Hans Knipp / Hartmut Prieß
Melodie: Hartmut Prieß
1973

A
hätt doch kei - ne Senn. Mer lo - sse d'r Dom en Köl - le, denn
A7 D A
do es hä ze - huss. Un op sing-em ah - le Platz bliev
E7 (E7 5+) A D A
hä och joot en Schuß, un op sing-em ah - le Platz bliev
E7 A A
hä och joot en Schuß. 1. Stell d'r für, de Kre - ml stünd o'm
E7 A
E - bert - platz, stell d'r für, de Louv - re stünd am Rhing.
E
Do wör für die zwei doch vell ze win - nich Platz,
H7 E
dat wör doch e un - vor - stell - bar Ding. Am
A E7
Jür - ze - nich, do wör viel - leich et Pen - ta - jon, am
A
Rot - hus stünd dann die A - kro - po - lis. Do

2. Die Ihrestroß, die hieß' vielleich Sixth Avenue
oder die Nord-Süd-Fahrt Brennerpaß.
D'r Mont Klamott, der heiß op eimol Zuckerhot,
do köm dat Panorama schwer en Brass.
Jetz froch ich üch, wem domet jeholfe es,
wat nötz die janze Stadtsanierung schon?
Do sull doch leever alles blieve, wie et es,
un mir behale uns're schöne Dom.

Mer losse d'r Dom en...

Am Dom zo Kölle

Text und Melodie: August Schnorrenberg
1948

C7 g C7 9 F
sun - ge als äch köl - sche Fetz.
C d G7
Uns leev köl-sche Mäd - cher wor jet för et
C b7 Es7 As
Hätz. Am Dom zo Köl -
Es7
le, zo Köl - le am Rhing, doh
Es7
klin - ge de Glok - - ke su präch - tig un
As
fing. He wel - le mer blie - ve, he
Des F7 b As
sin mer zo Huus, he kritt uns kein Deu - fel,
f Es7 1. As 2. As
kein Deu - fel e - ruus. Am Dom zo ruus.

2. Am Dom zo Kölle, zo Kölle am Rhing,
doh klinge de Glocke, su prächtig un fing.
Se dun uns mahne an fröhere Zick
un loße uns ahne, wat fän litt un wick.
Die Wolke se wandre am himmlische Zelt,
wie schön wor uns Kölle, wie schön wor de Welt.
Stolz fahre de Scheffe om Rhing fruh dohin,
die Zauberpraach gov et nor eimol zo sin.

Am Dom zo Kölle, zo Kölle am Rhing,
doh klinge de Glocke, su prächtig un fing.
Göv Gott singe Säge, dat uns bliev die Stadt,
wo jeder op Äde sing Freud doch dran hatt.

Die Hüs'cher bunt om Aldermaat

Text: Jupp Schlösser
Melodie: Gerhard Jussenhoven
1937

2. Vum Sockel huh loht wödig
dren der Jan vun Werth,
eß üvver su en Haltung
als Soldat empört.
Un hinger im voll Schwung
Platz Jabbeck streck de Zung
erus un denk dobei
genau wie Goldschmeddsjung.
Sugar die ahle Pump,
die voller Ischias,
die flüstert höösch:
mer halde trotz Sanierung faß.
Dat Glockespill vum Rothuus
spillt dat neue Leed,
un alles schunkelt met:

Die Hüs'cher bunt om Aldermaat...

3. Dröm Väter vun der Stadt,
paßt beim Sanieren op!
Mer Kölsche sin üch dankbar,
do verloht üch drop;
denn jede kölsche Fetz
verteidig beß zuletz
dat ahle Kölle,
weil doch doran hängk sin Hätz.
Und fiel mal einem Welschen
eine Dummheit ein,
dann sage mer:
»Lieb Vaterstadt, magst ruhig sein!«
Mer dulde nit,
dat Kölle sich 'ne Fremde kritt,
un ganz besonders nit:

Die Hüs'cher bunt om Aldermaat...

Dat Wasser vun Kölle

Text: Hans Knipp / Hartmut Prieß
Melodie: Hans Knipp / Erry Stoklosa
1983

Als unse Vatter do bovven de Welt gemaat,
do hätt hä et schönste Fleckche Ääd he an d'r Rhing jelat.
Dann nohm hä die Kölsche an de Hand un sat:
Dat es jetz üch – et jelobte Land.
He künnt ihr klüngele, bütze, singe un fiere,
ävver halt' mer all die Sache
öm Joddeswelle en Ihre,
un maat och nit nur ei Deil dovun kapott;
denn ihr weßt, ich sin alles,
un dann nemm ich et üch widder fott.

F G7 C a F G7 C
si - cher Woot. Uns Jold - fisch han de Au - ge - deck un_sa - ge
F G7 C a F G7
kei - ne Ton; de Wäsch-ma-schin spillt to - tal ver - rück,_wo -
C F G7 C C
röm_hat d'r Minsch Cal - gon. Ming Fil-me ent-wik-kel' ich
C7 F D7
o -vends em Rhing, dat jeit janz jot, denn do es al - les dren._Och
C F f C G7
wemmer av un zo d'r Dönnscheß han, mer jläu-ven wig-ger dran.

C F G7 C
Dat Was - ser vun Köl - le es jot,
F G7 C
dat Was - ser vun Köl - le es jot,
a f C
dat Was - ser vun Köl - le, Was - ser vun
D7 C G6 7 G7 C F
Köl - le, dat Was - ser vun Köl - le es jot.
C F G7 C C7
Oh lee - ver Jott, jev uns Was - ser,
F C
denn janz Köl - le hät Doosch,
F G7 C C7
oh lee - ver Jott, jev uns Was - ser
F C
un helv uns en d'r Nut.

2. Oh leever Jott, jev uns Wasser,
denn janz Kölle hät Doosch.
Oh leever Jott, jev uns Wasser
un helf uns en d'r Nut.
Ming Nierestein sin schwer am kumme,
oh Herr, wat deit dat wih.
Och d'r Hoorusfall, dä hät zojenomme,
do hilf kein Böschte mih.
Alle Wasserrühre sin total verstopp,
die dröppen vür sich hin.
Om Kaffee schwemmp 'ne fiese Ölfilm drop,
wie kütt dat Öl do ren?
Uns Feuerwehr, die es bestemp nit schläch,
doch wenn se lösche,
Jung, do brennt et eets räch.
Oh Herr, dun e Wunder, üvverläch et dir,
sons stommer morje vür dinger Dür.

Dat Wasser vun Kölle . . .

Heimweh nach Köln

Text und Melodie: Willy Ostermann
1936

2. Ich han su off vum Rhing gesunge,
vun unsem schöne, deutsche Strom.
Su deutsch, wie he ming Leeder klunge,
su deutsch bliev Köln met singem Dom.

Wenn ich su an ming Heimat...

3. Un deit der Herrgott mich ens rofe,
däm Petrus sagen ich alsdann:
»Ich kann et räuhig dir verzälle,
aat Sehnsucht ich noh Kölle han!«

Wenn ich su an ming Heimat...

4. Un looren ich vum Himmelspöötzge
dereins he op ming Vatterstadt,
well stell ich noch do bovven sage,
wie gän ich dich, mieh Kölle, hatt.

Wenn ich su an ming Heimat...

Kölsche Jung

Text und Melodie: Fritz Weber
1963

f F7
kau - fe. Ich fung ming Stroß nit mieh, jo dat wor
b Es7
schwer, 'ne Schutz-mann frog - te mich: »Wo be - ste
As C7 f
her?« Ich hatt en Angs, hä nöhm mich beim Schla-
C7
fitt-che, em Geiß soch ich mich schon di - rek- te-mang em
f F7
Kitt-che, doch spot ich ganz ge - nau, dä meint et jot met
b f b G7 C7
mir, ich säht ihm dann treu - häz - zig op ming Ihr':
F
Ich ben e - ne köl - sche Jung, wat well-ste
C7 C7
maa - che? Ich ben e - ne köl-sche Jung un dun gään
F D7
laa - che, ich ben och söns nit schlääch, nä ich ben

2. Ich dät och schwer an minger Mutter hänge,
wenn sei och mänchesmol met mer dät kräftig schänge!
Doch wor em Grund ich doch d'r liebe Jung,
su leich braht ich se nit us dem Fazzung.
Un hatt ich ens en Sammeltass' zerbroche,
dann daach ich ganz bestemmp, jetz häste get verbroche!
De Mamm säht nur für mich: »Du küß nit vör de Dür.«
Ich säht dann: »Mamm, ich kunnt doch nix dofür!

Ich ben ene kölsche Jung...«

3. Ich rode dir, lohß nie d'r Kopp ens hange.
Laach en et Levve nur, dann weehs do dich schon fange.
Denn wenn do nit mieh laachs, dat eß verkeht,
sing doch ding Muttersproch, op Kölsch e Leed.
Sing su wie ich, do bruchs dich nit zo schamme.
Un häs do große Lohs, dann singe mer zosamme.
Wenn do dann eines Dags am Himmelspöözge steihs,
dann sag däm Petrus heimlich, stell un leis:

»Ich ben ene kölsche Jung...«

Dat Glockespill vum Rothuusturm

Text: Jupp Schlösser
Melodie: Gerhard Jussenhoven
1954

b F G7 C7
Tön zu schön__ un et säht dann selvs de älts-te Möhn:__
F F7 B F G7 C7 F G7
__ Dat Glo-cke - spill__ vum Rot - huus - turm__ hät 'ne wunder -
b6 C7 F C7 F F7 B F G7 C7
schö - ne__ Klang!____ Dat Glo - cke - spill__ vum Rot - huus -
F G7 C
turm__ künnt ich hö - re stun - de - lang:____ »Üb'
F C F C F B
im - mer Treu' und Red - - lich - keit!«, wie klingk dat__
F C7 F
doch__ su__ schön.__ Wenn et och av__ un__ zo__ do - nev - ve -
C7 F C7 F C7
häut,__ sin dat ech - te köl - sche__ Tön!__ Wenn et och av un
F F7 b6 F C7 F
zo__ do - nev - ve__ häut,__ sin dat ech - te köl - sche__ Tön.__

2. Johrelong mer schon
dat Spill vermesse,
weil dä Rothuusturm
en Trümmer ging.
Ävver, Gott sei Dank,
eß ungerdesse
opgebaut dä Turm
su staats un fing.
Un mehr wolle hoffe,
dat et nit mieh doht zo lang,
bes mer widder höre kann
dä altvertraute Klang.
Op dä Dag, ich sage üch,
freue ich mich königlich,
wenn et widder heiß
bei ärm un rich:

Dat Glockespill vum Rothuusturm . . .

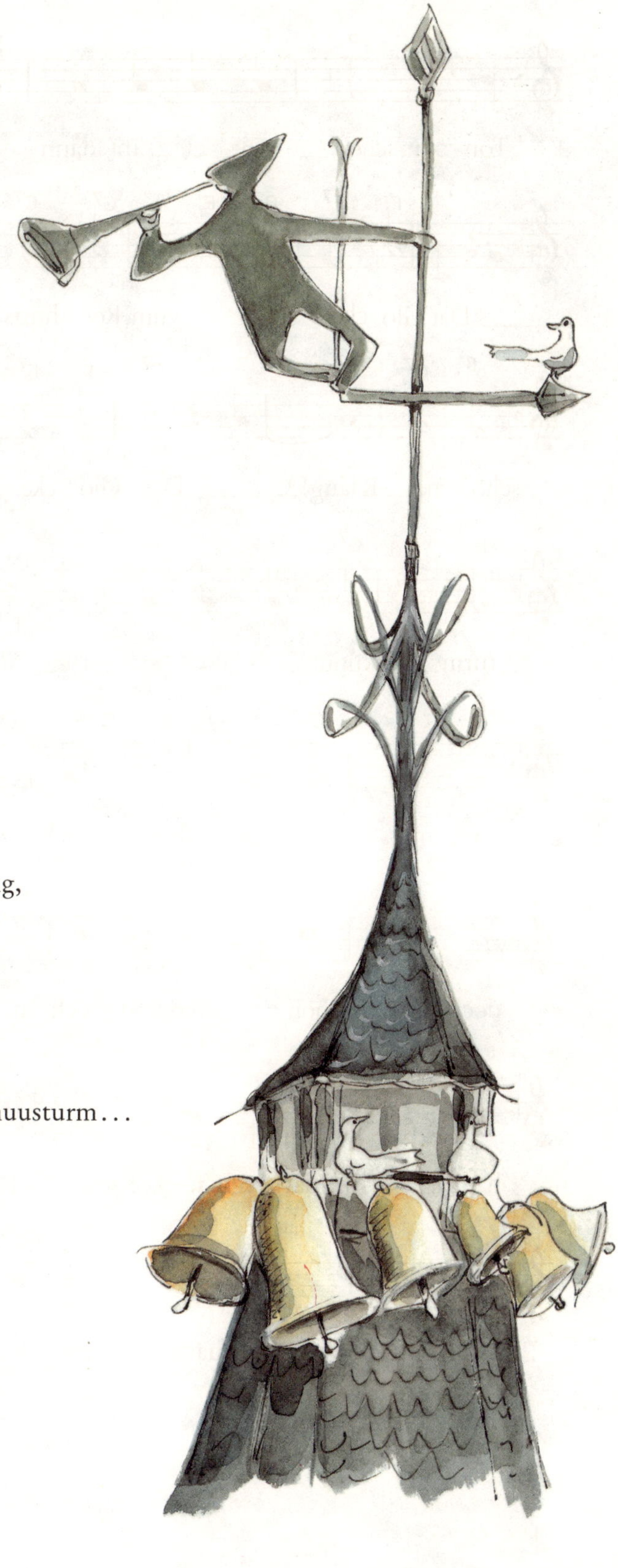

Et Rheinpanorama

Text und Melodie: Ludwig Sebus
1971

2. Wä dat Panorama kennt,
dä loort sich niemols satt.
Glöcklich, wä sing Eige nennt,
esu en Vaterstadt.
Un et sching ihm garanteet,
dat d'r Herrgott he
Kölle selvs hät modelleet,
beß hä saht: »Ohkeh«:

Loor ens vun Düx noh Kölle...

3. Driev et och 'ne Kölsche ald
ens en de Welt erus,
irgendwann, do ganz alleins,
denk hä doch an zohus.
Un sing Phantasie, die geiht
met ihm op de Reis',
Kölle plötzlich vör ihm steiht,
un hä summb ganz leis:

Loor ens vun Düx noh Kölle...

Och, wat wor dat fröher
Schön doch en Colonia

CITY
DISCO

Och, wat wor dat fröher schön doch en Colonia

Text und Melodie: Willy Ostermann
1930

2. Wer hät dann fröher jet vum Jazz un Steppe,
jet vun däm hochmoderne »Blues« gekannt?
Die Blus, die mir gekannt, dren sooch mer höppe
et Bell em Walzertempo lans de Wand.
»Ich küsse Ihre Hand«, wie hück se kruffe,
dat hät mer fröh'r zo sage sich schineet,
do heeß et einfach: Liehn mer ens ding Schluffe,
ich ben zum nächste Schottisch ankascheet!

Och wat wor dat fröher schön...

3. Die sechsmol zweiundzwanzig bare Pfennige,
dat wor dä Wocheluhn vun 'nem Kommiß,
dä woht verdanz, mer fohlt sich wie de Könige, –
de Zech bezahlte meschtendeils et Liß.
Die Kavaliere leete met sich handele,
wenn mer als Mädche Schleß un Kohldamp hatt,
trok hä en Dös'che met gebrannte Mandele,
die wohten dann gelötsch bis dat mer satt.

Och wat wor dat fröher schön...

Nor am Dreikünningepöötzge

Text und Melodie: Karl Berbuer
1953

2. Mag die Oma spingse un och waade,
Platz Gabecks Zung süht sei nit mieh,
wohl motoriseete Nümaatskraade,
die Päädsköpp ävver sin futtü.
Göbbelcher met Fleutcher,
sei möch kriesche,
sin der moderne Jugend fremb,
doch en der Mannsbotz
danz et Marieche
d'r Hippelepipp, sei kritt de Krämp.

Nor am Dreikünningepöötzge...

3. Ganz geweß, uns Kölle deiht sich wäge,
die Scheldergaß eß ald parat,
och de Huhstroß fängk sich ahn zo räge,
die kritt en ganz modern Fassad.
Trotzdäm muß vun manchem
mer sich trenne,
dat Ahle geiht, wat kütt eß neu,
do kann kein Oma
sich dran gewenne,
et schönste Plääztge bliev för sei:

Nor am Dreikünningepöötzge...

De kölsche Schusterjunge

Text: Karl Wirts
Melodie: Johann Franz Weber
1884

2. Wenn morgens de Frau Meistersch weck,
dann springen op mer flott.
Flöck eß dann och der Desch gedeck,
et dämp der Kaffeepott.
Öm zehn Ohr geit dä Al dann hen,
schött jedem singe Knurvel en,
wie schmeck zom Fröhstöck dä su nett
beim Schusterkotelett.
Mer stecke, mer flecke,
schlon kräftig op dä Penn!

Denn all die Schusterjunge...

3\. Un wann dann öntlich hät geflupp
de Arbeit flink un fresch,
dann kütt och Speck un Äazezupp
des Meddags op der Desch.
Frau Meistersch eß en gode Frau,
se kennt ehr Junge ganz genau.
Wer ehr et beß de Kinder dräht,
der grötste Teller hät.
Mer öde, mer böde,
schlon kräftig op dä Penn!

Denn all die Schusterjunge...

4\. Frau Meistersch röf uns dörch de Döör:
»No, Hen und Mattheis, kutt;
do Hen, do schälls de Quallmänn mer,
do, Mattheis, drähs dä Puut.
Do, Pitterche, schött's hingerm Huus
die Bütt met drecklich Wasser uus!«
Ehr seht, 'ne junge Schusterschfant,
dä hät 'ne schwere Stand.
Mer knuve, mer schruve,
schlon kräftig op dä Penn!

Denn all die Schusterjunge...

5\. Mer han vill Pech im Levve schon,
doch nit em Karresseer
uns Mädcher sin en Pension,
dohin gon mer no Feer.
De »Pensiun« am Baye geiht
jo uus, wann ovends Aach et schleiht,
un wann et Sting un Klör dann kütt,
dann flöck noh'm »Dude Jüdd«!
Mer kloppe, mer stoppe,
schlon kräftig op dä Penn!

Denn all die Schusterjunge...

6\. Un kütt met däm Neujohr eran
de Zick vun Loß un Freud,
dann halden all mer met zor Fahn
bei der Genöglichkeit.
'nen echte kölsche Schusterjung',
dä hät och Horen op der Zung,
un wer nit hält zom Fasteleer,
seht, dä zerschlage mer.
Mer recke, mer träcke
dat Ledder kräftig uus!

Denn all die Schusterjunge...

Der Karussellchesmann

Text: Joseph Roesberg
Melodie: Andreas Pütz
1868

2. Wann Kirmes oder Maat eß,
dann kütt der Pädchesmann
met singer gröne Wagekeß
en jedem Dörpchen an.
Druß lore wie de Pürke
de Köpp un och de Stätz
vun all dä hölze Stirke,
wie laach uns do et Hätz!
Kinder, Va un Ühm un Möhn
rofe, juhzen: »Och wie schön!«

Tschimmla, . . .

3. Wer nor en Geiß em Ställche
un noch su ärm eß dran,
muß Kirmesweck un Geldche
doch för de Pädcher han.
Dann, süht hä dat Vergnöge,
wat et de Kinder mäht,
su durch de Looch zo fleege
op ehrem hölze Päd,
trick dä Al der letzte Fuß
us dem Wammes noch erus.

Tschimmla, . . .

4. Do sitz als wie 'ne Ritter
un hinger sich de Mäd
der Meisterknääch, der Pitter,
gar stolz op singem Päd.
Se hält in faß ömschlunge,
hä stich met singer Lanz
vör all dä and're Junge
grad meddsen durch de Kranz.
Un dat Kohstalls-Annemarie
juhz un hält der Pries en de Hüh.

Tschimmla, . . .

5. Hät't Jüppche voll et Büßche,
un eß de Kirmes uus,
spazeere Schimmel, Füßche
fruh en ehr hölzen Huus.
De Jungen un de Mädcher
sin dröm wahl ärg bedröv,
bes Jüppche met de Pädcher
zom Avschied inne röf:
»Kumm'n ich widder met Bläß un Brung,
hät jed's Mädche singe Jung.«

Tschimmla, . . .

De Wienanz han 'nen Has' em Pott

Text und Melodie: Willy Ostermann
1912

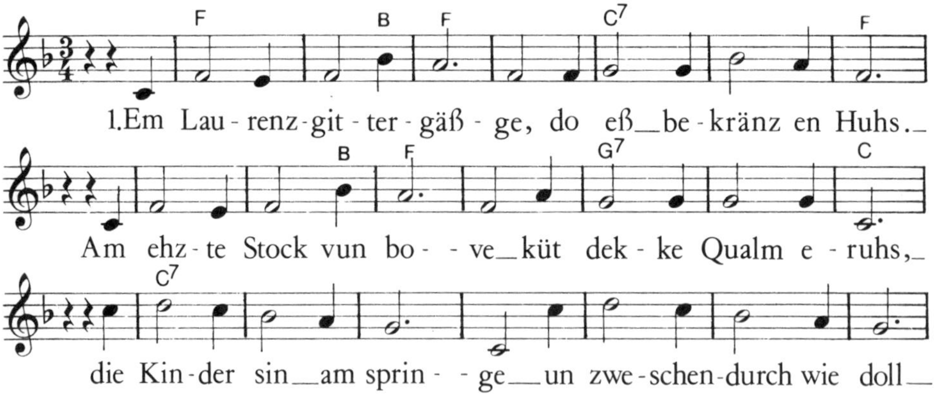

»Ja beim Sou-per« am sin - ge, en a, en b un moll.
Was mag das für ein Ju - ja sein, en Freud un 'nen Bu-hei.
De Wie-nanz han 'nen Has' em Pott, mi - au, mi - au, mi -
- au, de Höö - vel-mans ihr Katz eß fott, mi - au, mi -
- au, mi - au. Dat Dhier dat sohs noch ge - ster
Naach, mi - au, mi - au, mi - au, met sen-gem Bräu-ti -
- gam am Dach, mi - au, mi - au, mi au. De au.

2. Der Has, dä jetz em Kessel
als Brode log zoräch,
dä hat des Ovends vörher,
’ne Schoß m’em Bässem kräg.
Natürlich wor för immer,
des Naaks jetz en d’r Kall,
jetz met de Randewühzger,
un met d’r Liebe all.
Broch och däm ärmen Dhier et Hätz –
die Haupsaach dobei eß:

De Wienanz han...

3. Wat wor dat för e Kische
un Rötsche op de Bänk,
denn en d’r Schull die Pute,
dat Laache nohm kein Engk.
Der Lehrer wor am Schänge:
»Wollt ihr wohl ruhig sein,
was habt ihr denn heut morgen,
was fällt euch Bengels ein?«
Do sung dä kleine Fädenand,
met im die ganze Klass:

De Wienanz han...

4. Esu en Feßlichkeite,
die sin nit alle Dag,
och sitz zom Zobereite
nit immer jet om Daach.
Och broht mer nit zo froge,
wat eß dat för ’ne »Gang«?
Ja, wer dat nit kunnt ruche,
dä hoht et am Gesang,
denn bes deef en de Naach eren,
do heelten se sich dran:

De Wienanz han...

E kölsch Beierleed

Text und Melodie: Jakob Packenius
1903

Vringskirch
Zint Jan

D rit. a E a D7
Fing Zint Mää-tens Kir-mes an, bei - er-ten die Klok-ken dann:
G D G a D7 D G
Wör ich, wör ich en Zint Mää - ten Vi - ze - Vi - ze - of - fer-mann,
G e D G a D
dät ich, dät ich luu - ter bei - e - re, bim - mel, bimmel, bam, bam,
D7 G G
bim, bim, bam. Bim - mel, bim - mel, bam, bam, bim, bim, bam,
D7 1. G D G 2. D D7 G
bim - mel, bim - mel, bam, bam, bim, bim, bam. bim, bim, bam.

2. Un vum Rhing der Schepper Hannes,
en der Täsch vill Daler schwer,
ging en singem Sonndagswammes
met der Frau noh'm Belvedère.
Fing Lyskircher Kirmes an,
beierten die Klocken dann:
Hell'ge Mann, Zint Nikolos,
op dä freut sich klein un groß:
Hä vill Schönes bränge kann,
jeder kritt 'ne Kochemann!

Bimmel bimmel bam bam...

3. Om Vringswall de Kappesboore
troke Röben un Gemös,
däte Kirmes wieße, schore,
backten Platz un Taate söß.
Wann Vrings-Kirmes kom eran,
beierten die Klocken dann:
Alles, alles, wat mer han,
höet dem Jüdche Abraham.
Alles, alles, wat mer han,
höet dem Jüdche Abraham.

Bimmel bimmel bam bam...

4. Un ming Tant dät luuter sage:
»Wann de Spetz eesch Kirmes hatt,
op de Stroß der Desch mer drage,
Beer un Kies weed drop gesatz.«
Fing Zint-Görres-Kirmes an,
beierten die Klocken dann:
Dume, Finger, Elleboge,
nemm mie Schwester,
weeschs mie Schwoger!
Dume, Finger, Elleboge,
nemm mie Schwester,
weeschs mie Schwoger!

Bimmel bimmel bam bam...

5. Letzte Kirmes wood gehalde
löstig en der Spillmannsgaß;
us dem lange Gang do schallte
Danzmusik, dat wor 'ne Spaß!
Fing de Zint-Jans-Kirmes an,
beierten die Klocken dann:
Spillmannsgaß, do Rackerpack,
häß Strüh em Sack,
häß Flüh em Sack!
Spillmannsgaß, do Rackerpack,
häß Strüh em Sack,
häß Flüh em Sack!

Bimmel bimmel bam bam...

6. Wat em Dom de Klocke singe,
hät ming Tant mer och gesaht;
dat eß leich erus zo finge,
eß e Rümche ganz apaat.
Met gewaldig starkem Ton
schallt er her vum huhen Dom:
Halt am Rich, do kölschen Boor,
mag et falle söß ov soor!
Kölsche Jung, en Leid und Freud
bliev däm ale Kölle treu!

Bimmel bimmel bam bam...

Trizonesien-Song

Text und Melodie: Karl Berbuer
1949

2. Columbus fand Amerika,
ein neuer Erdteil ward entdeckt.
Was Marco Polo alles sah,
wurd' dann von der Kultur beleckt.
Sven Hedin war am Himalaya,
er schritt durch heißen Wüstensand.
Am Nordpol stand Amundsen's »Heija«,
doch uns hat keiner je zuvor gekannt.

Wir sind die Eingeborenen...

3. Doch fremder Mann, damit du's weißt,
ein Trizonese hat Humor,
er hat Kultur, er hat auch Geist,
darin macht keiner ihm was vor.
Selbst Goethe stammt aus Trizonesien,
Beethovens Wiege ist bekannt,
nein, so was gibt's nicht in Chinesien,
darum sind wir auch stolz auf unser Land:

Wir sind die Eingeborenen...

Parodien, Rümcher un Verzällcher

De kölsche Lohengrin

Text: Jakob Dreesen
Melodie: Alfred Beines (Margarethenmarsch)
1899

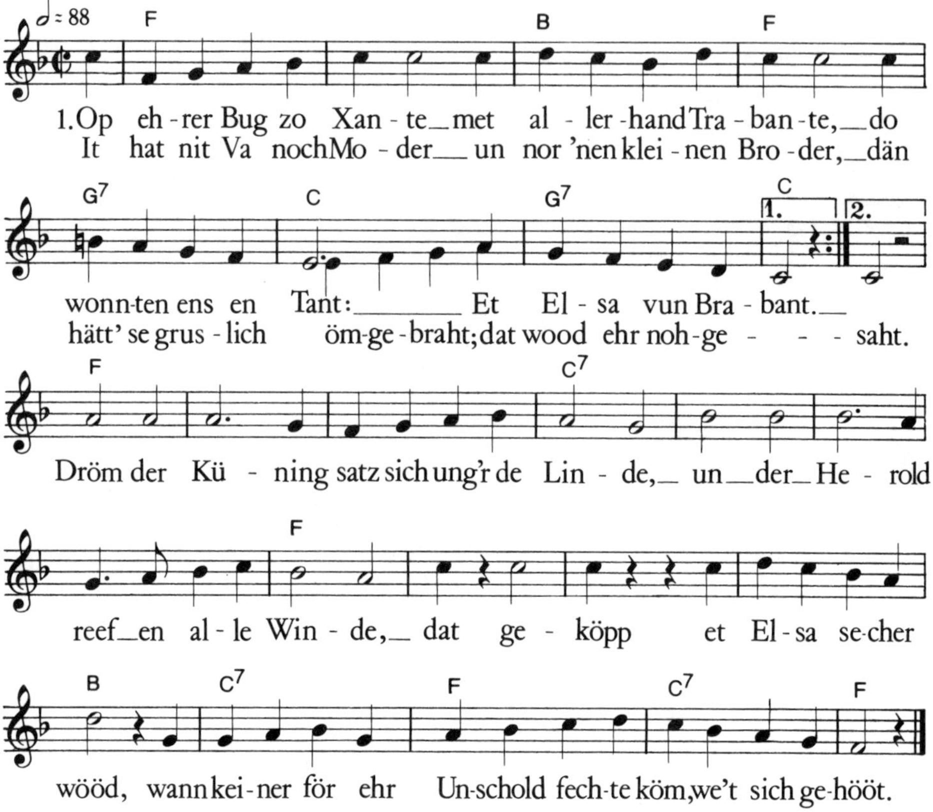

2. Lang wollt' er keine kumme:
»Jawoll, gebacke Prumme!«
Su reef der Telramund,
su geftig we hä kunnt. –
Et Els wor zo bedoore,
dat ärm Minsch wor am loore
noh einem vun der Ritterschaff,
der Rhing erop, erav.
Doh op eimol reef et Volk:
»E Wunder!«
Dann et kom 'ne Schwan
der Rhing erunder.
Vör em Naache, dän dä Vugel trook,
doh stund 'ne schöne stolze Kääl.
Der Telramund verschrook.

LOHENGRIN

3. Un we en Donnerwedder,
doh kom hä glich an't Ledder
däm falsche Telramund. –
Dat wor däm Lump gesund.
Et Els wood freigesproche,
un en de nächste Woche
spazeete, prächtig opgekratz,
dann hä un it noh'm Platz!
Och, en Esse! we dat gingk erunder!
Hummer, Lachs,
e Ferken in Burgunder,
dat dem Volk,
dat hungrig Vivat reef,
et Wasser en der Muul
als we en Senk zesammeleef.

4. Dat eß no zo gelunge,
hä hatt sich uusbedunge,
dat it nit froge sollt,
en ehrer Ungedold,
noh im, noh singem Wappe,
un wat för Deer dren jappe,
söns wör et Ihglöck vör de Katz,
un glich wödt avgekratz!
Wören se no nett
nohm Bett gegange,
hätt it nit ze frogen angefange!
Doch om Kanapee
de halve Naach,
do soßen se un sungen se, –
wer hätt su jett gedaach!

5. Un we su do soße,
do kunnt sei't doch nit lohße
un saht för ehre Mann:
»We heisch do eintlich dann?
Sag, heisch do Köbes, Pitter?
Wat beß do för 'ne Ritter?
Häß do die Vatter och gekannt?
Wo litt dien Heimatland?«
Och, do wood hä wieß
als wie 'ne Givvel,
wödig fohr hä en de Wasserstivvel.
»Wer ich ben?
Der Lohengrin ben ich,
mer han jet an de Föß, Madam,
versecheren ich üch!«

6. Un fleuten op 'nem Fleutche:
»Adjüs, adjüs, leev Bräutche!
Kick do, der Schwan! der Schwan!
Do kütt 'e ald eran;
jitz liet sich nix mih maache!«
Dann sprung hä en der Naache
un winkte lang noch met der Hand
dem Elsa vun Brabant.
En et Sackdooch
kresch bedröv dat Irmche,
un it schwenkte
met däm Sonneschirmche;
doch der Schwaneritter blees im jet,
do ging it widder op de Burg
un laht sich en et Bett.

Jung Siegfried

Text: Wilhelm Klemmer
Melodie: Alfred Beines
(Margarethenmarsch, Erst-Fassung)
1902

2. Do moot der Siegfried trecke,
mänch Ihserstöck verjöcke,
'nen Amboß vun zweidausend Pund,
dä schlog hä en der Grund.
D'r Meister kräg d'r Zidder:
»Och gingk hä doch ald widder,
och, wör hä doch de Eck eröm,
ich göv 'ne Grosche dröm!«
Scheckt in en de
Wald zom Schänzgermaache,
dät sich heimlich
en et Füüßge laache.
Siegfried pack dä Drache koot un got,
hä drieht däm Bies der Hals eröm
un bad sich en däm Blot.

3. Do kräht dat kleine Pööschge
am ganze Liev e Kööschge
un daach bei sich ganz luus:
»Jetz beß de fein eruus!
Kein Fluh kann dich mih bieße,
kein Botz kanns do zerrieße,
un hoppla, hoppla flöck,
weed op dat Hoon gejöck.«
Siegfried pack
zosamme singe Plunder,
maht sich op
nohm Land vun dä Burgunder.
Do verliebten hä sich en Kriemhild
un nohm se och zo singer Frau,
dat weiß ich ganz genau.

4. Brunhild wood iefersüchtig,
dat Siegfried wor su düchtig,
sohch it dä staatse Kääl,
wood it vör Ärger gääl.
It sproch zum grimme Hage:
»Dä litt mer schwer em Mage,
och wör dä doch de Eck eröm,
ich göv 'ne Grosche dröm.«
Hagen daach:
»Dat loß nit durch de Lappe,
en däm Wäldche
wellste der en schnappe.«
Un als Siegfried pack der große Doosch,
do schlog hä in mem Zabel dut,
do wor dä Siegfried futsch.

Richmodis von Aducht

Text: Hubert Ebeler
Melodie: Alfred Beines
(Margarethenmarsch, zu singen wie »Jung Siegfried« oder »Der Kölsche Lohengrin«)
1912

1. Vör ville hundert Johre,
we noch de Ritt're wore,
gewonnt am Nümaat hät
'ne Ritter, stolz un nett!
Doch wollt im gar nix Godes
sie Schwigermo Richmodis.
Vun morgens fröh bes ovends spät
sei ihn nor ärgern dät.
An 'nem Bett're wor ehr vil geläge,
dovun hatt en
rude Nas sei kräge,
un wat meint ehr:
Op 'ne oden Dag,
do log sei dut em Bett, et heesch,
Richmodis kräg 'ne Schlag!

2. Mer leet et sich jet koste:
Begraven an Apostle,
su we et sich gehoot,
fein eeschter Klaß sei wood! –
Weil an de Fing're hatt se
noch all ehr Ring, de staatse,
de Dudegräv're Naaks, o wih,
ehr wollte stellen die!
Doch kaum dat
der Deckel fott se rühmte,
de Richmodis
ganz vernähmlich kühmte,
un de Räub're
ressen uus, we doll,
Richmodis wor nit dut gewäs,
de wor vum Bett're voll!

3. Richmodis nit lang hüh maht,
sei dötzte glich noh'm Nümaat.
Un op de Döör vum Huus
sei kloppte met der Fuuß!
Dä Ritter en de Schluffe
em Zemmer soß am Suffe,
weil hä sich freut ganz kolossal,
dat quick hä wor die Ahl! –
Doh op einmol
stürmp erenn der Deener
un röf: »Här,
dat Dingen eß noch schöner,
den öhr Schwigermo
steit vör der Döör!« –
Dä Ritter feel vör Schreck vum Stohl
un kräg en wieße Klör!

4. Dä Ritter reef: »Beim Himmel,
eh'r mein' ich, dat ming Schimmel
jitz laufen em Galopp
vum Stall zor Läuf erop!«
Un trapp, trapp, nit zo gläuve,
se komen als zo stäuve,
un glich dorop se loo'te lus
am Läuvefinster 'ruus! –
Un däm Rittersmann
de Botz wal bävte,
als die Al zor Döör
erenn jitz schwävte,
un de Häng
sei stemmten en de Sick
un schant: »Jo, Kählche, lans de Nas,
do beß mich noch nit quick!«

5. Noch zwanzig Johr, o Schrecke,
dät ehr der Bett're schmecke,
un schleeßlich vum Schabau
ehr rude Nas wood blau! –
Dä Schwigerson, dä gode,
moot äklig drunger blode:
Noch ganze zwanzig Johr kumplett
kräg hä vun ehr sie Fett! –
Längs der Firmenich
die Päd dät schlaachte,
als Soorbrode
se em Essig laachte. –
Doch am Nümaat
hück noch an däm Huus
zom Andenke zwei hölze Pädsköpp
sin am Finster 'ruus! –

Unse Broder Melcher

Text und Melodie: mündlich überliefert
um 1826

* Diese zwei Takte werden von Strophe zu Strophe einmal mehr wiederholt.

2. Unse Broder Melcher
wollt ’ne Reuter wäde,
hatt hä doch dä Mantel nit,
kunnt hä keine wäde.
Sie Moder nohm de Stuvvendör,
hung se dem Melcher hingen un vör.
Stuvvendör – hingen un vör,
hölzen Bock – bovven drop,
Ärmendei – Kalverei! (Beddelei!)

War das nicht...

3. Unse Broder Melcher
wollt ’ne Reuter wäde,
hatt hä doch dä Zabel nit,
kunnt hä keine wäde.
Sie Moder nohm de Ovvepief,
hung se dem Melcher öm dat Liev.
Ovvepief – öm dat Liev,
Stuvvendör – hingen un vör,
hölzen Bock – bovven drop,
Ärmendei – Kalverei! (Beddelei!)

War das nicht...

Unse Broder Melcher
wollt 'ne Reuter wäde ...

4. Unse Broder Melcher
wollt 'ne Reuter wäde,
hatt hä doch dat Mötzge nit,
kunnt hä keine wäde.
Sie Moder nohm dä Kammerpott,
stölp en dem Melcher op dä Kopp.
Kammerpott – op dä Kopp,
Ovvepief – öm dat Liev,
Stuvvendör – hingen un vör,
hölzen Bock – bovven drop,
Ärmendei – Kalverei! (Beddelei!)

War das nicht...

5. Unse Broder Melcher
wollt 'ne Reuter wäde,
hatt hä doch dä Schnäuzer nit,
kunnt hä keine wäde.
Sie Moder nohm dä Stätz vum Has,
bung en dem Melcher unger die Nas.
Stätz vum Has – unger die Nas,
Kammerpott – op dä Kopp,
Ovvepief – öm dat Liev,
Stuvvendör – hingen un vör,
hölzen Bock – bovven drop,
Ärmendei – Kalverei! (Beddelei!)

War das nicht...

6. Unse Broder Melcher
wollt 'ne Reuter wäde,
hatt hä doch de Stivvele nit,
kunnt hä keine wäde.
Sie Moder nohm de Botterkeen,
stallt se dem Melcher vör de Kneen.
Botterkeen – vör de Kneen,
Stätz vum Has – unger die Nas,
Kammerpott – op dä Kopp,
Ovvepief – öm dat Liev,
Stuvvendör – hingen un vör,
hölzen Bock – bovven drop,
Ärmendei – Kalverei! (Beddelei!)

War das nicht...

Es lassen sich noch beliebig viele Strophen erfinden; die letzte sollte jedoch lauten:

Unse Broder Melcher
wollt 'ne Reuter wäde,
hatt hä doch zom Scheeße nix,
kunnt hä keine wäde.
Sie Moder nohm de Bessemstill –
d'r Melcher meint, 't wör jitz jet vill!
Bessemstill – jitz jet vill,
Botterkeen – vör de Kneen,
Stätz vum Has – unger die Nas,
Kammerpott – op dä Kopp,
Ovvepief – öm dat Liev,
Stuvvendör – hingen un vör,
hölzen Bock – bovven drop,
Ärmendei – Kalverei! (Beddelei!)

War das nicht...

De Geiß wollt 'ne lange Stätz han

Text: Wilhelm Räderscheidt
Melodie: Adelheidche-Schnoor-Melodie
(Verfasser unbekannt)
1894

2. Däm fählt geweß die Feuchtigkeit,
dat hä nit länger wäden deit,
söns mööt dä Stätz doch wahße,
söns möt dä Stätz doch wie-wa-wahße:
Dä Stätz, dä Stätz,
dä klitzekleine Stümpchesstätz.
Noh däm Mülldeich dät se stitzele,
stipp dat Stümmelche do erenn;
dät de Kält se och jet kitzele,
standhaff heelt se'n drenn.

3. Su soß se dann de ganze Naach,
zo gevven op dat Wahßen aach.
Hä schung ehr ald jet länger,
hä schung ehr ald jet li-la-länger:
Dä Stätz, dä Stätz,
dä klitzekleine Stümpchesstätz.
Dann un wann dät sei noch schlängere
met däm Zibbelche, bes se schleef
un vun ehrem Stätz, dem längere,
dräumte söß un deef.

4. Doch als der helle Morge kom,
die Geiß met Schrecke wohr jitz nohm:
Dä Stätz wor faßgefrore,
dä Stätz wor faßgefrie-fra-frore:
Dä Stätz, dä Stätz,
dä klitzekleine Stümpchesstätz.
wödig fing se an zo hibbele,
reß dat Stümmelche och eruus;
doch die Hörcher, die paar Zibbele,
gingken dobei uus.

5. Die Geiß denk jitz noch öftersch dran,
well keine lange Stätz mih han.
Do, Minsch, deit deer jet fähle,
do, Minsch, deit deer jet fi-fa-fähle
an Geld un Got, an Kraff und Mot,
ov söns en große Kleinigkeit.
Dann, o Fründ, gevv dich zofridden doch
bruch dat Winnige met Aki;
denn et gitt'rer er vill henidden noch,
die han och nit mih.

Et Schnüssen Tring

Text und Melodie: Joseph Roesberg
1859

2. Eesch, Madam, muß ich üch froge:
Sin och noch klein Kinder do?
Mich met Windlewäsche ploge,
geiht doch minger Ehr zo noh.
Och wööd et mich sehr verdreeße,
däht ehr Wing un Fleisch verschleeße,
un mer alles fing und klor
noh wollt rechnen op en Hoor.

3. »Ävver, Tring, ehr künnt doch koche,
wäsche, putze, secherlich?«
»Och, Madam, doch en der Woche
wönsch ich einen Dag för mich!
Och müßt ehr mer nit verwehre,
well ich Uemmes enviteere,
ich dat Fremdenzimmer dann
nommendags benotze kann.

4. Un, Madam, de Stroß ze kehre
es dann doch kein Schecklichkeit;
och vexeeren uns de Häre,
wa'mer an der Pumpe steiht.
Seht, Madam, dat Wasserholle
un dat G'ress un och de Kolle
för e Mädche geiht nit an,
mutt doför 'nen Huusknäch han.

5. Och wööd et mich sehr dun freue,
köhm de Putzfrau he un do.
Soll Madam de Usgab scheue,
legen ich noch jet derzo.
Och dörft ehr dä Schatz nit schänge,
deiht hä sunndagsovends bränge
mich wal ens jet spät noh Huus;
seht, dat halden ich meer uus.

6. Alle veezehn Dage muß ich
sonndags mingen Uusgang han,
und dä andre Sonndag-Meddag
för Kumpliet un Prädig dann.
Och dörft ehr üch nit beklage,
wann an Feß- und Kirmesdage,
oder söns, wann't Spill zo Huus,
ich en Woch ens bliev dann uus.

7. Föhr e Johr, dat ich mich ploge,
mein ich, steiht et meer doch aan,
fuffzig Daler Luhn ze froge
un e Kleid för »Hell'ge Mann«.
Un – »Do häs jo noch vergesse,
wat's do jeden Dag wells fresse.
Zor Bedeenung, Boore-Tring,
holl'n ich deer en Waats-Beging.«

Et Kackleed

Text und Melodie: Traditional
Bearbeitung: Hartmut Prieß 1985

2. Kacke müsse och de Nonne,
Buure kacken en de Tonne.
Die Knächte un die Mägde,
die kacken en d'r Stall.
Kinder dat sin Pute,
die kacken üverall.

3. Op nem Scheff deit mer en et Wasser drieße,
beim Spaziergang kackste en de Wiese.
Wä he bei uns em Städtche wunnt,
dä kack en d'r Kanal,
un wä et richtich ielich hät,
dä kack he en d'r Saal.

4. Wä vill friss muß och vill kacke.
Wä nit oppass kack sich op de Hacke.
Wä jähn decke Öllich iss,
dä kack met vill Jestank,
un wä de »flöcke Otto« hät,
kack sich die Beincher lang.

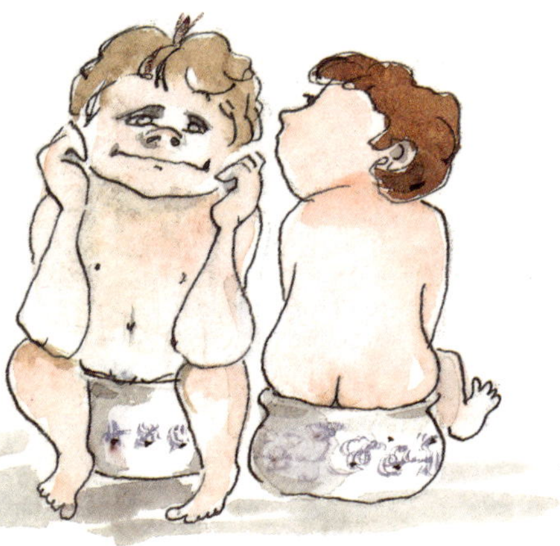

5. Su künnte mir noch lang vum Kacke sing
denn et es e herrlich Dinge.
Dröm rode mir üch all,
dot drieße weich un rund,
wä immer richtich kacke kann,
dä bliev jesund.

6. Överhaup es Kacke
nüdig för et Levve.
Jede Halm deit hä de Kraff jo jevve.
Un jede Boom kritt neue Saff,
wenn ener drunger soß
met de Botz eraff.

7. Beim Kacke wörd
bestemp en alle Johre
von große Lück manch jot Idee jebore.
Un ehrlich, unger uns jesaht,
och he dat Leedche
wood beim Kacke einst jemaht.

Jan un Griet

Text: Carl Cramer
Melodie: Johann Franz Weber
19. Jh.

2. Dat Griet, dat wor en fresche Mäd,
grad wie vun Milch un Blot;
dä Jan, dat wor 'ne starke Poosch,
däm Griet vun Hätze got.

3. Ens säht hä: »Sag«, esu säht hä:
»Sag, Griet, ben ich der rääch?
Nemm mich zom Mann, do beß en Mäd,
un ich, ich ben 'ne Knääch.«

4. Do säht it: »Jan, do beß 'ne Knääch
un ich en schöne Mäd.
Ich well 'nen däft'gen Halfen han
met Öhs un Köh un Päd.«

5. Un als dä Jan dä Kall gehoot,
do trok hä en der Kreg;
schlog immer düchtig en dä Feind,
holf wenne mänche Seg.

6. Wie widder hä noh Kölle kom,
soß hä op staatsem Päd;
Dä Jan, dä wor no Feldmarschall,
dä große Jan vun Wäth.

7. Un wie hä an de Pooz no kom,
soß en der Eck dat Griet;
it soß vör einem Appelkrom,
wo it Kuschteien briet.

8. Un als dä Jan dat Griet dät sin,
leet stell sie Päd hä ston
un größten it un säht zo im:
»Griet, wer et hätt gedon!«

9. Un als dat Griet dä Jan dät sin,
su blänkig usgeroß,
do größt et in un säht zo im:
»Jan, wer et hätt gewoß!«

10. Ehr Mädcher all, no merkt üch dat
un sitt mer nit zo fried;
gar mänchem hät et leid gedon,
dat Led vum Jan un Griet!

In ungerem Veedel

In unserem Veedel

Text und Melodie: Hartmut Prieß
1973

2. Uns Pänz, die spelle nit em Jras
un fällt ens einer op de Nas,
die Bühle un Schramme,
die fleck m'r zesamme,
dann es et vorbei.

Wat och passeet, dat Eine es doch klor:
Mir blieve wo m'r sin schon all die lange Johr:
In uns'rem Veedel,
denn he hält m'r zesamme,
ejal, wat och passeet en uns'rem Veedel.

Die Bühle un Schramme
die fleck m'r zesamme ...

Däm Schmitz sing Frau eß durchgebrannt

Text: Willy Ostermann
Melodie: Emil Neumann
1907

2. Dä Schmitz hät keinen Hushalt mie, hä jetzt allein hanteet,
hä hät sing Sache all verkauf un wunnt jetz möbeleet.
Un läht hä sich des Ovends och allein jetz en et Bett,
hä kränk sich wie die and're nit, dä Schmitz Charakter hät.
Un hööt hä bloß dat Leed, dann singk hä selver met:

Däm Schmitz sing Frau eß...

3. Die Nohberschaff, sie woß zoehz dovun, do kom dä Floch,
denn wenn et de Frau Knöppchens weiß, dann eß et wick genog.
Denn die, die hät et der gesaht und die, die säht et der,
do wod dat Dinge vun däm Schmitz op eimol popolär.
»Saht, hat ehr nit gehoht?« su gingk et em Akkoot:

Däm Schmitz sing Frau eß...

Kutt erop! Kutt erop! Kutt erop!

Text und Melodie: Willy Ostermann
1929

2. Alles läuf un rennt,
jeder schreit: Et brennt!
Et qualmp allt immer mieh.
Vör Neujier wie noch nie
lort alles en de Hüh.
Vun dem Rauch wie en Katz
kolleraveschwatz
die Lück sin op der Stroß,
als hätte se d'r janzen Dach
em Dreck erömjekros.
Un zweschedurch en einer Tour,
do höt mer schreie nor:

Kutt erop! Kutt erop!...

3. Mer sich denke kunnt,
en 'ner Veedelstund
die Feuerwehr wor do.
Die soch dä Ovve noh –
un jetz, ich sage jo:
Dat dat kumme sollt,
wore Kinder schold.
Wat han die sich jefreut,
die hatte drei Paar naaße Söck
hösch en de Pief jedäut.
Un immer hoot mer dat Jeschrei,
ofschüns et lang vorbei:

Kutt erop! Kutt erop!...

Mer schenke d'r Ahl e paar Blömcher

Text und Melodie: Hans Knipp
1967

KAFFE

2. Un klopp och öfters ens ’ne Ärme an ihr Döhr,
dat se janix jitt, ich jlöuv, dat kütt nie vür.
Un es se och nit rich, es keine Millionär,
jet zu verschenke, dat fällt ihr nit schwer.
Un sin et nur zehn Pfennig un nit mih,
dofür hät se ävver unser Sympathie.

Mer schenke der Ahl…

3. Un es die ahl Frau Schmitz ens einmol nit mih do,
dann deit dat manchem wih, bestemb dat es doch klar.
Wor se och nit rich, hat nit besonders vill,
so wor se doch für all et leve Schmitze Bill.
Un wenn für sei och längs kein Blom mih blöht,
su singe mer doch noch hück dat kleine Leed:

Mer schenke der Ahl…

Kinddauf-Feß unger Krahnebäume

Text und Melodie: Willy Ostermann
1903

2.
Dat Konzert, dat ging nun jetz vonstatte,
zwei Mann, die hatte – 'ne Kamm gepack.
Einer spillten dann om Quetschenbüggel,
dat Klein m'em Nüggel –
dat schlog der Tack,
Un dann der Pitter – dä spillte Zitter,
so'n bißchen trallala la!

3.
Weil no zwei jetz vun dä Musikante
kein Musik kannte – du ahnst es nich
fing sich alles ahn zu expliziere,
un wie die Diere – do hatten sich
jetz met de Flosse – die »Festgenosse«
ganz öhndlich trallala la!

4.
Einer wor der andre durch am bläue,
mer hoht nor schreie – et Kind eß fott.
Hölp, die Mutter reef,
wo eß mie Klümpche,
wo eß mie Stümpche – do leever Gott!
Do loog et Gretche – em Naakskomödche
un wor am trallala la!

5.
Kinddauf fiere soll mer nit versäume
en »Krahnebäume« – eß et zo nett.
Han se sich des Ovends
och m'em Krage,
dunn sich zerschlage – do öm de Wett.
In diesem Falle sind nachher alle
ein bißchen trallala la!

En d'r Kaygaß

Text: Willi Herkenrath
Melodie: Hermann Kläser
1937

2. Eß en Schief kapott,
eß ene Müllemmer fott,
hät d'r Hungk am Stätz en Doos.
Kom dä Schutzmann ahngerannt,
hät uns veer dann uusgeschannt,
säht: »Wat maht ihr veer dann bloß?«
Un mer han widder
hin un her üvverlaht
un han för dä Schutzmann gesaht:

»Nä, nä, dat wesse mer nit mieh...«

3. Neulich kräg uns en d'r Gaß
die Frau Käázmann beim Fraaß,
saht: »Wo lauft ihr veer bloß hin?
Uns Marieche sitz zohus,
weiß nit en un weiß nit uus,
einer muß d'r Vatter sin!«
Un do han mer widder
hin un her üvverlaht
un han för die Käázmanns gesaht:

»Nä, nä, dat wesse mer nit mieh...«

KAYGAS

Ming eetste Fründin

Text und Melodie: Hans Knipp
1978

2. Met veezehn kom ich en de Lihr als Installateur.
Do dät ich janz jot verdeene,
un bal schon hatt ich e Moped vör d’r Dür.
Doch nevvenan dä Webers Mattes,
dä wor schon Jesell, hatt mih Jeld als ich.
Un et Kättche fuhr mem Mattes em Auto
un leet mich janz einfach em Stech.

Ming eetste Fründin . . .

En d'r Höhnergaß 204

Text: Gerhard Ebeler
Melodie: Hans Otten
1930

2. Un beß do ens schlääch bei Kasse,
dann sag nor nit glich: »Ich passe«,
denn dat mäht dich insolvent.
Do kanns Gelder flüssig maache,
wenn do flöck verpfänds ding Saache
gäge jöhrlich ei Prozent.

En d'r Höhnergaß...

3. Wenn do jungk un schön wells blieve
un kanns keine Sport bedrieve,
dann versum nor kein Minut;
pack dich op, dun dich bezwinge,
loß dich hundert Johr verjünge
en däm Schönheitsinstitut.

En d'r Höhnergaß...

Drink doch eine met

Text und Melodie: Fred Hook
1971

2. So mancher sitz vielleicht allein zu Hus,
dä su jään ens widder laachen dät.
Janz heimlich do waat hä nur drop,
dat einer zo ihm sät:

»Drink doch eine met..«

Do laachs Do Dich Kapott ...

Lange Samstag en d'r City

Text: Hans Knipp
Melodie: Hartmut Prieß / Hans Knipp
1978

2. Titti well e Püppche habe'.
»Froch d'r Papp«, sät drop de Mam.
Doch dä dät dat üvverhüre,
Titti fängk zo brölle an.
Öm vier Uhr jon se Kaffee drinke.
Titti es ald leich' am stinke,
och de Mam, die kann nit mih;
d'r Pap, dä zällt sing letzte Flüh.

3. Lange Samstag en d'r City,
Pap un Mam, die jon mem Titti
tata, teita durch de Stadt,
weil et Jeld jejeben hat.
Lange Samstag en d'r City,
fass am schlofe es et Titti,
doch noch em Draum sät et janz leis:
»Titti well Vanilleeis,
Titti well Vanilleeis!«

Ene Besuch em Zoo

Text und Melodie: Hans Knipp
1979

2. Wigger durch, do sin de Elefante.
Nä, wat sin die deck,
nä, wat sin die deck.
Un beluhr der dänne ens ihr Quante,
die sin esu deck,
die sin unwahrscheinlich deck!

Ene Besuch em Zoo...

3. Janz am Äng, do kütt mer zo de Aape.
Nä, wat sin dat vell,
nä, wat sin dat vell.
Die sieht mer der janzen Daag römhöppe,
un bei dänne mäht
jo jeder, wat e well!

Ene Besuch em Zoo...

Heidewitzka, Herr Kapitän!

Text und Melodie: Karl Berbuer
1936

2. Volldampf voraus!
Et geiht d'r Rhing jetzt entlang
met Sang un Klang, de Fesch wähde bang.
Met hundert Knöddele,
dat litt klar op d'r Hand,
wink uns et blaue Band.
Süch ens d'r Schmitz met singem Fitz,
die sin ald jetz su voll wie en Spritz.
Hä fällt dem Zigarettenboy öm d'r Hals,
bröllt met 'ner Stemm su voller Schmalz:

Heidewitzka, Herr Kapitän!...

3. Jung, op dem Scheff
ham'mer ald Windstärke 11,
bal Halver Zwölf un gar kein Hölf.
Selvs de Frau Dotz,
die met dem Wallfeschformat,
wood dovun seekrank grad.
Heimlich un stell bütz doch dat Bell
en der Kajütt 'ne knochige Böll.
Nä et wed Zick met uns, mer müsse ahn Land,
mer sin jo wie us Rand un Band:

Heidewitzka, Herr Kapitän!...

Müllemer
Böötche

Kallendresserleed

Text: Suitbert Heimbach
Melodie: Hans Bauer
Entstehungsjahr unbekannt

2. Ze Kölle wor ne Lotterbov,
denn sook de Pulizei.
Hä wood geschnapp un kräg sing Strof;
e Kluster gov in frei.
Do han die Kölsche fies geschannt;
se fohlten sich gefopp,
sin glich zom Rothuus hingerannt,
han op ihr Trumm geklopp:

Ki-Ka-Kallendresser, . . .

3. Em Levve geit et öftersch su,
die Däg sin sich nit glich;
hück beß zefredde do un fruh,
un morge nöttelig.
Doch nie es räächte Truß deer fään,
do kanns en bellig han,
wat do ze dun häß, säht deer gään
dä Kallendresser dann.

Ki-Ka-Kallendresser, . . .

Sag' ens Blotwoosch

Text: Jupp Schlösser
Melodie: Gerhard Jussenhoven
1948

2. Jo dat hät, als ganz nett
för et esch geklapp.
Ävver he un och do,
wor et noch jet schlapp.
Dröm Kurasch, jode Moot,
nur nit lang scheneet.
Koot un goot, wed dat Woot
jetzt noch ens probeet.

Alle Mann, alle Mann...

3. Herrlich eß, ganz geweß,
su'ne Heimatklang.
Dä ich künnt unbedink
höre stundenlang.
Doch wer meint, dat die Prob'
he wör ömmesöns,
wemm dat Woot es ze schwer,
dä säht einfach Flönz.

Alle Mann, alle Mann...

SO ICH DIR
ZUSCHUSS
KATECHISMUS
I like Kölle
PARTEI-
BUCH

Kölsche Klüngel

Text und Melodie:
John Möring, Peter Horn-Peters, Jan-Peter Fröhlich, Peter Werner-Jates,
Franz-Martin Willizil, Günter Steinig, Henning Krautmacher
1986

2. E Pössje en d'r eine Täsch
för dä Fründ us d'r Partei,
däm Vetter 'n Weetschaff, die jot läuf
tireck an d'r Brauerei.
En jode Partie, nit jrad söß,
doch doför hät se jet an de Fööß!

Jo, dä kölsche Klüngel. . .

3. Nit nur en Kölle es dä Klüngel
alle Lück bekannt,
sujar en Kölle weed dorövver
öffentlich jeschannt.
Doch läuf en kleine Klüngelei,
es jeder Kölsche jän dobei!

Jo, dä kölsche Klüngel. . .

För et kölsche Hätz

Text: Henner Berzau
Melodie: Gerold Kürten
1982

B g F7 B
och wo Wöhl-müs bras - se - le, der Rhing e - lans?
F C7
Wat mer baut un wöhlt, dat rett et nit, uns Köl - le,
Herzschritt-ma - cher im - mer för der Minsch nor dau - ge
F F7 B
mag. Weil de Köl - sche zick ahl Zig - ge De - mo - kra - te sin je -
G7 F d B
wä - se, do - för han meer an et Rot - huus un der
F C7 F B Es B F
Rot je - daach. Loht et kölsche Hätz ens widder kräf-tig schla-ge
B
un ver-jeßt och nit, wat uns Stadt ens jroß je - maht: Frei un of - fe
Es C7 F D7 g
för de Welt un nit nor kla - ge, wat mer dra-ge kann, dat soll mer
c F7 B F7 B
selvs och dra - ge! Packt met aan! Och, dat wor im-mer köl-sche Aat!

dat kölsche Hätz :
il cuore coloniese
Kölnün kalbi
serce kolonii
Montag:
Biologie
(Der Mensch)
I like
Kölle
HOMO
COLONIENSIS

2. Un de Ämpter all, Parteie un Fraktione
mäncher denk un frög,
wä't Rejalt dann hät!
Dat Ageere, Kunkereere, Finanzeere,
se laveere, disputeere fröh un spät.
Schötzt et kölsche Leed
un kölsch Thiater-Spille!
Rutsteff mäht Moleste,
denn et lick mihts de »Kultur«.
Lück, uns Sproch, se daug bestemmp nit,
för Karriere flöck ze maache,
ävver secher hät se Wäät,
jet mih wie'n steinahl Mor!

Loht et kölsche Hätz...

3. Loht de Lehrer all uns Kölsch doch widder lihre!
Jeder weiß et hück:
Am Rhing litt Babylon!
Wann mer uns nit zaue, wann mer resigneere,
weed de kölsche Sproch bestemmp bal ungerjon!
Nor ei Denkmol kann
mer hück för Kölle setze:
Kalle wie ahl Kölsche
sollt mer immer, wärm un klor!
Fremde künne Fründe wäde,
dann och Kölsche, janz äch Kölsche!
Lück, su es et doch jewäse
zweimol dausend Johr!

Loht et kölsche Hätz...

Eetz kütt et rut, rut, rut

Text: Klaus P. Urban
Musik: Günter Eilemann
1952

2. Am Opernhuus, do soh ich neulich
Schmitzens Stina ston.
Dat moht ens flöck zor and're Sick
un durfte grad nit gon.
Dä Schutzmann do am Mikrofon,
dä hät sing Nut verkannt,
hä daach, dat hät 'ne Koon zovill,
dröm säht hä för die Tant:

»Eetz kütt et rut, rut, rut...«

3. Dä Pitter wollt ens heimlich fott
zom eetzte Rangdewuh.
Hä wor ald halv zor Pooz erus,
do kom sing' Ahl dozo.
Dä schnapp sich singen Pittermann
un säht: »Nor met Gedold,
söns küss do unger d'r Omnibus
un bes et selver schold:

»Eetz kütt et rut, rut, rut...«

Do laachs do dich kapott

(Dat nennt mer Camping)

Text und Melodie: Karl Berbuer
1954

G7 C
laachs do dich ka - pott, dat fingkmer schön, wenn em
E7 F C0
Zelt de Mök - ke un de Hum-me - le dich ver - jök - ke, un do
C G7 C G5+ C
kanns dann nit e - raus em Rähn. Wenn em Zelt de
E7 F C0 C
Mök - ke un de Hum-mel - le dich ver - jök - ke, un do kanns dann nit e -
d7 G7 1. C C0 2. C
- raus em Rähn. Do Rähn.

2. Hasche mich en Höppekrat,
höppten op dem Schmitz sing Plaat,
Mamm, do häß 'ne Käffer em »Enkeur de Bleck«.
Die Invasion em Zelt,
nit erwünsch un angemeld,
wor zwor fies, doch wor de Langwiel weg.
Un et rähnte wie en Bies,
doch de Mamm un och et Nies
hatten Jöck un wollten en d'r Bach erenn.
»Mutti«, säht et Nies, »pass auf,
tritt nit in dä Ameishauf.«
Schrum do soss sei ald met ehrem Bretzel drenn.

Do laachs do dich kapott...

3. Weil dä Schäng die Diercher satt,
schlog hä sei mem Knöppel platt,
dat hät nix genotz, et kommen immer mieh;
denn wenn ein dobei krepeet,
han 'ner fuffzig kondoleet,
un zum Schlofe komme Schmitzens nie.
Un et rähnte wie en Bies
en de Zupp un en d'r Kies,
un de Wespen han sich em Kompott gezänk.
Plötzlich bei 'nem Sturm, o Gott,
ref de Mamm et Zelt flügg fott.
Och, wie herrlich uns Erholung ess am Engk.

Do laachs do dich kapott...

En Kölle es et am räne

Text und Melodie: Thomas Engel, Dieter Jaenisch,
Günther Lückerath, Hartmut Priess,
Peter Schütten, Ernst Stoklosa
1979

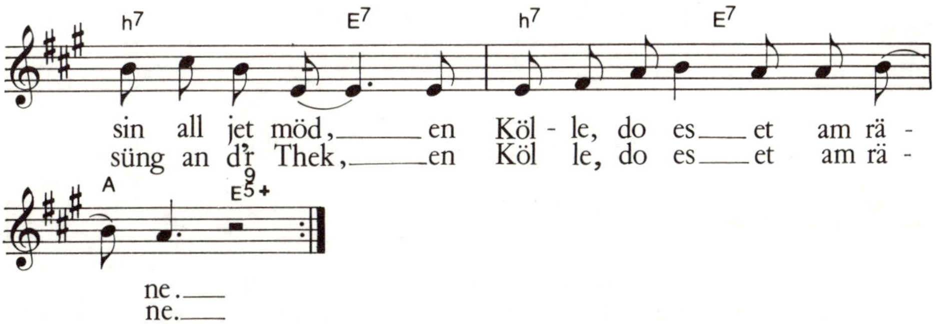

h7 E7 h7 E7
sin all jet möd, en Köl - le, do es et am rä -
süng an d'r Thek, en Köl le, do es et am rä -
A E9 5+
ne.
ne.

Et Spanienleed

Text und Melodie: Hartmut Prieß
1976

NIPPESER HOF
Residencia Ehrenfeld
PAELLA CON KÖLSCH
MANN SPRICHT DEUTSCH
Fred's kölsche Bierstuvv
RIEV-KOOCHE
frische Erdbeer-torte
KÖLN-DISCO
Blootwosch wie bei dr Mamm!
HÄMCHER
RIEV KOOCHE
CASA ALEMANA
Beim Tünn
Sauerkraut

2. Am ehzte Ovend weed direk
e Babekju jemaaht.
Et weed jegrillt,
die Wöschjer han m'r selver mitjebraaht.
Mir trinke »Cubalibre«
un Sangria bis zum Schluß;
als echte Kölsche föhlt m'r sich
doch üvverall zohus.

Nä, nä, Marie, ...

3. Am nächste Morje triff m'r sich
öm zehn Uhr dann am Strand,
en Zeitung us d'r Heimat
un et Radio em Sand.
Em zwölf Uhr jitt et Meddach,
em Hotel es wärm jekoch'.
Ähzezupp met Hämche
jitt et eimol en d'r Woch.

Nä, nä, Marie, ...

4. Nohmeddaachs öm zwei,
do maache mir dan ehsch en Tour,
met aachzich Mann em Bus
un dat för paar Pesede nur.
Drei Stunde doosch de Stadt,
do kriehste wirklich vill ze sinn,
un Eines dat es jetz schon klor,
he fleje m'r widder hin.

Nä, nä, Marie, ...

Kölle, Alaaf!

Wieverfastelovend

Text: Jupp Schlösser
Melodie: Gerhard Jussenhoven
1957

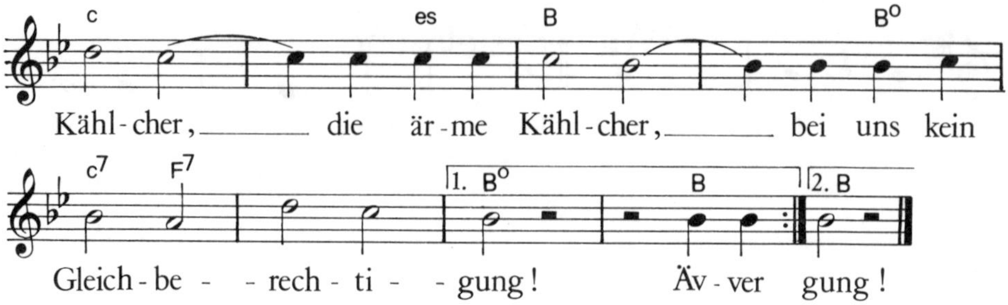

2. Wenn die op de Häresitzung gonn
oder ovends an de Theke stonn.
All' die Stunde weede opnoteet,
un et weed sich revancheet:

Ävver Wieverfastelovend. . .

3. Junge, Junge, Jung dann geiht et dran,
un dat hält bes Äschermettwoch an.
Dann sin friedlich mer, dat eß doch klor;
widder bes zom nächste Johr:

Ävver Wieverfastelovend. . .

Ich ben 'ne Räuber

Text: Peter Horn-Peters
Melodie: Traditional / Peter Horn-Peters
1979

Ich ben ’ne Räu - - ber, leev Ma - ri - el -
che, ben ’ne Räu - - ber durch un durch.
Ich kann nit treu sin, läv en d’r Daach -
ren, ich ben ’ne Räu - - ber, maach’mr kein Sorch.
La la la la la la la la la la.

2. Ich dun jän kaate,
bes fröh am Morje,
verspelle off, wat ich nit han.
Bloß eins behalt ich,
dat eß ming Freiheit,
die nimp m'r keiner,
su lang ich mich wehre kann.

Ich ben 'ne Räuber...

3. Ich mein et hück ihrlich,
wenn ich saach, ich maach dich,
doch bal ald kann
dat janz anders sin.
Se dät bloß laache,
un sat: Dat mät nix,
morje wede m'r wigger sin.

Ich ben 'ne Räuber...

4. Am nächste Morje,
ich hat kaum de Auge op,
sat ming Hätz:
Jung, dich hät et erwisch!
He Marielche,
ich han dich wirklich jän,
do soh ich 'ne Zeddel om Köchedesch.

Ich ben och ene Räuber,
leeve Pitter,
ben 'ne Räuber durch un durch.
Ich kann nit treu sin,
läv en d'r Daach ren,
ich ben 'ne Räuber,
mach m'r kein Sorch.
La la la la la la la la la la.

Wer soll das bezahlen

Text: Walter Stein
Melodie: Jupp Schmitz
1959

2. Kürzlich da saß ich solide und brav
mit meiner Gattin zu Haus.
Plötzlich da zog meine Gattin sich aus,
wollt mich mit Neuem ergötzen.
Was denn, so dachte ich, das kennst du längst!
Doch was dann kam, das war neu:
Wäsche und Strümpfe und Schuhe dabei.
Da rief ich voller Entsetzen:

»Wer soll das bezahlen...«

3. Vieles bei uns, das war gründlich zerstört,
wir hatten nicht mal 'nen Staat.
Jetzt hab'n wir zwei, die auch ganz separat
ihre Regierungen tragen.
Kosten die beiden uns auch schon genug,
wir brauchen mehr als nur zwei.
Wir hab'n im Hintergrund Frankfurt dabei,
und nur die Ängstlichen fragen:

»Wer soll das bezahlen...«

Am Aschermittwoch ist alles vorbei

Text: Hans Jonen
Melodie: Jupp Schmitz
1959

F° b6 C7
bre - chen ent - zwei.) Von all' dei - nen Küs - - sen darf
B F D7 g
ich nichts mehr wis - - sen, wie schön es auch sei,
D7 g C7 1. F C° C7 F F7 F 2. F
dann ist al - les vor - bei! Am A - scher - bei

2. Adam und Eva im Paradies
fanden verbotene Früchte süß,
und sie probierten auf jeden Fall:
Noch einmal! Noch einmal!
Weil der App'tit kam erst hinterher,
war auf dem Baum bald kein Apfel mehr.
Da Karneval war im Paradies,
flüsterte Eva ganz süß:

Am Aschermittwoch ist alles vorbei...

3. Töchter der Eva, sie leben heut'
auch noch bei uns, wie in alter Zeit,
jede tanzt gern aus der Reihe mal:
Karneval! Karneval!
Hält sie die Lippen das ganze Jahr
immer zum Kuß nur dem einen dar,
heut' küßt sie lachend auch dich, denn schau,
sie weiß wie du ganz genau:

Am Aschermittwoch ist alles vorbei...

Et hillige Kölle

D'r hellije Zinter Määten

Text und Melodie: mündlich überliefert
Fassung: Gerold Kürten
Entstehungsjahr unbekannt

Weegeleed för et Chreßkindche

Text: Wilhelm Hoßdorf
Melodie: Hans Winkel
Entstehungsjahr unbekannt

2. Schwatz Gewölk litt üvverm Städtche,
un et schleef der Herbergsweet,
Nor ne Leechsching glänz om Päddche,
dat bis an et Kreppche föht.
Mäh, mäh, mäh, ehr Schöfcher all,
Wärmt dat Kindche mer em Stall,
eia, kutt eran,
dat mie Hätzge schlofe kann!

3. Heete, doot üch met uns freue,
nidderkneent dem Kind zor Ehr!
Blost e Leed op de Schalmeie,
dankt dem große Gott un Här!
Bim, bam, bom, et Klöckche klingk,
luuscht doch, wie dat schallt und singk
eia, durch de Naach!
Seht ens, wat mie Kindche laach!

Der wigge Wäch

Text: Henner Berzau
Melodie: Gerold Kürten
1986

2. Durch Froß, durch Stürm
un durch Schnei un Rän,
trick jederein
un sök nor der helle Stän.
Koot es uns Levvenszick, lang de Nut.
Kütt de Siel en et Lut?
Jitt uns einer et Brut
för der wigge Wäch?

3. Maria jov uns
der Joddes Son.
Loht uns der Jlanz
der hillije Naach verston!
Heete und Künninge, ärm un rich,
ston noch hück en der Flich.
Wann de Zick och verstrich:
Se han unse Wäch!

Un et Arnöldche fleut

Text und Melodie: Karl Berbuer
1950

2. Met Klatschmarsch flüg jitz en de Bütt,
d'r Engel Schmitz, dä Gäl,
d'r Wittgenstein hält sich de Backe,
d'r Schneider-Claus laach met däm Schäl,
d'r Hönig bütz et Böckderöck,
d'r Antun Meis röf: »Proß!«
D'r Millowitsch mäht Spaß –
wat eß en d'r Kass?
D'r Hannemanns Fritz, dä läht loß…

Un et Arnöldche…

3. De Funke süht mer wibbele jitz,
et danze wie geschmeet,
de hillige Mädcher un Knächte,
d'r Möler Bock Strüßcher serveet.
Et Griet danz och mem Jan vun Wäht,
weil die sich jitz verstonn,
met Engelsgetön
singk Ühm un och Möhn:
»Zo Foß möch ich noh Kölle gonn…«

Un et Arnöldche…

Karl Berbüer
Hans Knipp
De Bläck Fööss
Gerhard Jussenhoven
Fleuten-Arnöldche
Jupp Schmitz